만인시인선 · 23

점자블록

김세진 시집

점자블록

만인사

자서

산이,

산의 옆구리를 더듬어 가는 길이,

산길을 비스듬히 떠받치는 백양나무 숲이,

그 숲 우듬지 열이렛날 허연 달빛이

길게 휘어진

詩의 행간 속으로

하나 둘씩 들어와 앉는 새벽이다.

차 례

차 례

차 례

차 례

낙화

아까시 꽃잎들도
중력
그 안에 있다

뿌리로 내리닫는 놀라운 저 가속의 힘

일순간
흩뿌려지는

흰 울음
홀로
낭자하다

엽서를 쓰며

— 김환기, 「아침의 메아리」, 1965, 유채

네모난
붉은 점들이
꽃잎처럼 박혀 있다

yssejin@hanmail.net으론 전송할 수 없는 하얀 속지 행간마다 샐비어가 만발하고

어느 날
붉게 건네어 질
여름 아침 꽃밭 모퉁이

이용악 생각

네이버
검색창에

그리움을
두드린다

쩡쩡 얼음장으로 우는 함경도 변방 시편

자우룩
쏟아져 내리는

茂山 천지
눈발 같은

어느 봄날

운홍사
산벚꽃

난분분한
어느 봄날

돌계단에
걸터앉아

메일을
전송한다

하르르
지는 저 붉은 울음

액정에 찍힌
못다한 말

0165285829

나는 낡은 폰처럼 홀로 삭고 있고
푸른 기억들조차 텅 빈 수신함에는

몇 통의
스팸메일만
웅크리고 앉아 있다

거부할 수 없는 저 느닷없는 메시지
손때 묻은 문자 한 통 전송하지 못하고

보관된
몇 통의 편지
서둘러 삭제한다

느티나무 강론

초록, 초록의
느티나무 강론

우두커니 서서
귀담아 듣는 동안

자궁을
흘러나온 양수
봄 풀밭을 적신다

막 고해성사를 끝낸
부끄러운 뒷덜미에

4월 鳴鏑 같은 햇살
죽비로 후려친다

봄꽃은

길지가 않다
그리 길지가 않다

기웃거리다

처음엔 몰랐습니다, 금낭화의 눈짓을
그 집 블록담 너머 뜰이 붉은 봄날

무심코
기웃거리다
눈에 넣은 그 빛깔

그래, 매발톱꽃도 함께 피었습디다
투박한 손끝에서 곱게 길어올리는

이 아침
값싼 발품 끝에
봄을 이리 얻었습니다

안경알 너머

2006년 1월 25일 새벽 6시 LG 25시 어둠도 엄습치 못한 삼파장 불빛 아래 컵라면 후후 불어가며 무슨 결의에 찬 여자 희뿌연 안경알이 시야를 가리고 삶의 도전장 같은 저 붉은 립스틱 면발에 닦여질수록 따뜻해지는 가슴 한 켠 모이를 쪼아대는 뭉툭한 부리 끝에 시리게 와 닿는 보도블록은 유리 밖이다 바람이 검은 뒷덜미로 연신 꽂히고 있다 주린 배 끌고 가는 저 붉고 여린 발목 잠시 기우뚱거리다 이내 멈추고 선 눈길은 이미 유리 안 들어설 수 없는 경계다

점자블록

1
고강도 콘크리트 황색 점자블록
흰 지팡이 끝으로 돌출된 길을 따라

넉 줄의
방향 표시용 블록
더디게 긁고 간다

지금쯤 적색불이 깜빡거리고 있을 게다
더는 나아갈 수 없는 서른여섯 개의 원

몇 개쯤
발바닥에 밟혀
멈칫거리며 선다

2
지팡이 끝으로 더듬더듬 더듬어 갈 때
발끝이 놓쳐버린 선과 점들의 행방

불현듯
멈춰 설 자리
일러주는 것이다

일상, 그 아드레날린의 시간

1
모닝컴 보온밥솥은 여전히 'End' 다
밥알들 덕지덕지 나붙은 주걱

지금껏
기다려온 시간
솟구치는 아드레날린의

2
잠이 엄습한다, 묵은 책갈피 사이로
베고니아 꽃잎처럼 왈칵 쏟아지는 햇살

이따금
경적 소리만
귓전을 들락거리고

3

찻물 끓이는 동안 걷어내는 구름 그늘
마른 꽃잎들 다시금 되살리듯

목젖을
넘어가는 순간
국화 송이 퍼진다

삶에는 망설임이 있다

반경 시오리 그 안에 놓여 있다

수축과 이완으로 하루를 되풀이하며

이제는
낯익은 길을
멀리 바라 보고는 한다

아침 일곱시에서 저녁 여덟시까지

탄성의 한계점을 벗어나지 못한 채

가끔은
지친 더듬이
세워 보고는 한다

쓰레기를 버리다

임무에 충실했던 마르고 젖은 것들, 유효기간 이미 지나 저리 내팽개쳐져 배 깔고 널브러진 자리 느티나무 그늘이다 수거되는 순간까지 비쭉이 벌어진 틈새로 파리 떼 주린 더듬이 더러는 고양이들 가슴팍 물어뜯으며 남은 물기 핥고 있다 숨기고 싶은 것들 와르르 쏟아져 나와 발목을 잡고 설 녘 황급히 다시 묶는 그 속엔 감추고 싶은 부끄러운 내가 있다

엘리베이터 안에서

지금
캡슐 속에서
수직 이동 중이다

궤도에 진입하는
1과 5는 암호 체계

은하계 어느 별에서 홀로 갇힐 것이다

너는
통제 중이다
광각 렌즈를 통해

미러에 포착되는
등 굽은 저 지구인

건조한 삶의 체취가 모니터 될 것이다

그림자의 길

더 내어줄 것이 없는
빈 몸이 만들어낸

은행나무 긴 그림자는 양성 굴광성이다

길의 끝
불빛을 향해
더듬어 가는 촉수들

밤새 보도블록 따라 촘촘히 놓인 길을

지그시 밟고 갔을 지치고 쪼그라든

그믐달
길게 흰 눈썹
새벽을 밀고 간다

어린 고양이에 관한 보고

1

콘크리트에 눌려
웅크리고 앉았다가

무딘 후각으로 감지한 비릿한 냄새

굶주린
새벽을 더듬는
저 어린것들의 행렬

2

열등한 유전인자
도태된 슬픔의 흔적

본능의 눈빛보다
더욱 혼란스러운

不姙의

쓸쓸한 그림자
길게 끌고 가리라

은행나무수퍼

손자놈 봉알 같은
은행알 줄줄이 매단

두 그루 은행나무는 이층집의 초병이다

세상 일
탐탁지 않음을
언제부터인가 알고 있다.

구부정한 것은 노인네 등만이 아니다
하염없이 내려다 본 오랜 그 버릇은

다 낡은
외상장부까지
줄줄이 꿰고 있다

신호를 기다리며

새벽, 문득 놓친 신호를 기다리며
LPG 충전소 안 풍경 읽는다
하품을
베어 문 그들
가스처럼 떠도는 듯

구겨진 종이컵들 널브러진 모퉁이
한 개피 길이만큼 따뜻함의 깊이만큼
도막난
그들의 일상
지금 충전 중이다

검은 바퀴 밑으로 서서히 끌려가는
초록 불빛 같은 오늘의 일용할 양식
가속의
페달 밟으며
주파수 맞춘다

여섯시 혹은

삼주수퍼 곁에 선 느티나무 한 그루
잎이 무성해질수록 빠르게 열리는 아침

뻐꾸기
첫 울음소리
묻어둔 지 오래다

자판기 빠져나온 더운 커피 한 잔에
주절주절 풀리는 잡다한 일들이

참매미
울음에 실려
스러져 가고 있다

MC몽

MP3를 듣는다
마흔 넘은 나이에
소리바다에서 다운 받은 MC몽의 180도를
래퍼의 빠른 템포는
반응하기엔 감이 멀다

발라드에 익숙한 귀가 쉽게 좇아갈 수 없는
밑도 끝도 없이 주절대는 소리 소리들
어차피
해독하지 못할
코드가 맞지 않다

초록에 관하여

6월 터질 듯 한 저 산빛을 이제
좁은 캔버스로 죄다 끌어올 수는 없다

바닥엔
피다만 담배
이젤 주위로 가득하다

붓도 나이프도 엄두 내지 못한 채
산이나 하염없이 그리 바라볼 뿐이다

비탈을
타고 오르는
긴박한 초록의 행렬

초입은 상수리나무 그늘로 한창이다

7부 능선쯤에서 심한 갈증이 돋고

널따란
너럭바위에서
짙은 초록을 그린다

피아골

1
무슨 이념의 깃발, 그 같이 자꾸만 떠밀려

산기슭 구석진 곳
듬성듬성 주저앉아

최후의
아나키스트
그처럼 붉기만한 비탈

2
휘어진 산길 끝 8부 능선 그 어디쯤

봄은 침투중이다
헤아리지 못할 깊이로

내 안에
짓이겨진 상처

붉은 꽃의 울음으로

진밭골에서

잰걸음으로 성급하게 달려온 머리말에
새벽 진밭골 어귀 초록 이파리들

시간에
길들여진 몸이
알람보다 먼저 깬다

속속들이 들어찬
산비탈 못물 위로

허기를 물어 올리는 물오리 네댓 마리

보리밭
둔덕 곁에서
눈을 내려 감는다

메타세쿼이아에게

앙상한 잔뼈마다 새 살이 오르고
봄볕에 눈이 부신 청동, 청동의 비늘

아가미
깊숙이 들어찬 물
온 몸이 푸덕거린다

등을 지나 가슴에도 돋아난 지느러미
선명한 옆줄 끝에 힘찬 꼬리를 달고

이제 막
황사를 뚫고
아득히 헤엄쳐 갈

다리

반쯤 허리를 묻고
흐름에 팽팽히 맞서

허물어 내릴 수 없는 꼿꼿한 투지로

절망의
젖은 수위를
종일토록 긋고 섰는

다리 밑에

정녕 처음부턴 음지가 아니었을

녹슨 깡통 몇 개
붉게 삭아 내리는

다리 밑
햇살에 풀린
먼 시간이 희부옇다

다리 밑에 슬픔이

저 강물 다 마르면
흰 앙금만 남을까?

내 안에 머물렀던
정제된 슬픔의 입자

바람도
놓쳐버린 기억
무언가 울컥거리고 있는

다리 밑에 슬픔이 있다

홍수로 휩쓸려간
성성한 자리마다

풀씨 하나 발 못 붙일 슬픔은 덧자라고

그림자
휘청거리다
홀로 돌아서고 있다

집, 무너지다

1

하물 것인가
정녕 허물 것인가

버티고 선 기둥들이
문득 뒤틀리는 소리

안으로
감당치 못할
저 느닷없는 함마드릴

2

각진 흰 방들이 꾸역꾸역 게워내는
한 때 따스했을 낡고 오래된 풍경

쟁이어
넣을 수 없는
쪼그라든 허파꽈리

3

마흔 해 관절 뚝 끊는 콘크리트 철근더미
제 자리 잡지 못한 귓속 달팽이관을 눌러

때 이른
중력의 법칙
문득 흔들리고 있다

소멸에 대하여 · 1

초가을 이른 아침 느티나무 가지에서
버팅기던 안간힘 투욱 놓아 버리고
땅으로
내동댕이쳐진
참매미 한 마리

잽싸게 낚아챈 먹이 마지막 울음을 끌고
지붕 위 내려앉은 까치의 부리 끝에
사나흘
찢어대던 소리
뚝 끊어져 버린다

소멸에 대하여 · 2

그늘진 보도블록 발길이 뜸한 자리
죽은 쥐 한 마리 며칠째 널브러져 있다
온몸에
퍼진 경계모
스러진 지 오래다

어느새 배 안에 가득 찬 구더기 떼
다산, 그 번식력도 이미 잃어버린 채
배 깔고
저리 처연히
보시 중이다

공존
— 해운대에서

비둘기 갈매기 멀찍이 선 사람들
새우깡 붉은 물갈퀴 재바른 여린 부리

허공에
흩뿌려져서
뺏고 또 빼앗기는

새우깡 한 봉지로 한껏 부릴 수 있는
힘찬 날갯짓과 끝없는 종종걸음

서서히
길들여지는
슬픈 몸짓을 본다

설핏 물린 새우깡 낚아채는 순간부터
붉은 물갈퀴와 여린 부리의 공존

언젠가
꽁지 흔드는
족속이 될 것이다

비둘기 떼

새벽녘
초등학교 길옆
한 무리 비둘기 떼

허기를 쪼아대는
습관적인 몸놀림들

노오란
개나리 울타리
그들이 원한 鳥籠이다

모이에 길들여진
비만의 날갯죽지

부리 끝으로 연신
허공을 쪼아대어도

바람에
멱을 감은지
이미 오래 전이다

14시 47분의 독서

잠시 창문을 연다
쏟아지는 햇살 속

낡은 슬레이트 지붕
매달린 폐타이어들

연푸른
버드나무 가지
바람 가득 실린다

구색을 갖춘
슬라브 지붕 텃밭

눈 우묵한 중년 사내
투울 툴 빨래를 널고

무협지

마지막 장이
무겁게 넘어간다

연꽃

구월 스무 하루
낙산정 돌절구 속

곧은 다리 꺾고 기인 잠에 들다

사나흘
하늘 여닫은 일
부질없는 짓이라며

달빛 환한 뜨락
하엽차를 끓인다

멀수록 맑은 향기 은연한 노랫소리

언제쯤
연밥은 익을까
잦은 눈길 종종걸음

라벤더 차를 마시며

물이 끓는 동안 코르크 빠져나온
지중해를 건너온 보랏빛 수목향이

코 끝의
신경을 거슬러
불면의 밤 내쫓는다

움켜쥔 봉오리 속 풀려난 햇살들이
뒤섞여 혀끝을 타고 번져 속깊이 스며든다

지금 막
잉글리쉬 라벤더
몸 안 가득 꽃이 핀다

슬픔을 採集하다

지금 소매물도는
슬픔을 채집중이다

절지동물 다리 같은 무수한 부표물

잡식성
기슭을 훑는
갯강구 긴 더듬이

파랑에 깎인 절벽 그 슬픔을 되짚는

섬은 갑각류다,
하얀 더듬이의

수크령
억센 뿌리가
깊게 내리고 있다

우도에 들다

떠날 수 없는 섬은 커다란 무덤이다

멀리 지고 온 등짐
능선에 부려 놓으면

눈길은
담수장으로
빠르게 풀려간다

나무의 길

비탈에 기대 선
느티나무의 생애

시린 하늘 향해 촘촘히 놓인 길을

그믐달
비켜가고 있다
먼 벗이듯 그렇게

물관을 타고 오른
오랜 속울음 끝에

비로소 드러나는 노역의 긴 흔적들

저미듯
더듬고 있는
산비탈이 환하다

올챙이

물풀 한 포기 없는 투명한 플라스틱
너의 행동 반경은 얕은 수조의 깊이

아랫배
둥근 나선형
오랜 유영의 흔적이다

또 며칠 굶다 보면 어느새 짧아진 꼬리
옅은 햇살 속에 손톱만한 개구리가 되는

오월의
사각 수조는
오늘을 방생한다

밀잠자리

아이가 두고 간 좁은 채집망 속
연해 파닥거리는 밀잠자리 한 마리

비로소
알아차린다
저를 가둔 공간을

더는 날 수 없는 슬픔을 삭이는 동안
몇 개의 다리가 맥없이 부러지고

찢어진
두 쌍의 날개
파르르 떨고 있다

선회하던 하늘은
여전히 바깥이다

바람도 들지 않는 플라스틱 폐쇄 공간

도무지
어쩔 수 없는
산란관이 부푼다

방울실잠자리

습지에 비가 왔다 사나흘 이어졌다
우화를 막 끝낸 것, 채 끝내지 못한 것들
갈대를
베어 문 바람
서걱서걱 울고 있다

두어 시간 날이 들면 연해 날개를 털고
암컷의 유혹과 경계의 동시성을 띤
새하얀
방울소리만
소택지에 낭자하다

바르르 치떠는 날개, 마지막 구애를 한다
배 끝 관상돌기 연신 부풀어 오르면
서둘러
물풀 사이로
꽁지 내려앉는다

화원에서

하류가 거느린
몇 개의 삼각주들

완만한 흐름으로 봄풀을 자라게 하는

겹벚꽃
분분한 기슭
잠시 강물도 쉬어가고

휘굽은 물길 따라
포플러 그늘 일렁일 때

곤한 낮잠에 빠진 다 낡은 배 한 척

아득히
내달려온 길
그 깊이 되짚고 있다

우듬지를 밟다

메타세쿼이아 가로수 소실점 끝으로
단산지가 걸려 있다 커다란 둥지인 양

먼 옛날
봉황이 날아와
날아와서 춤을 추었다는……

골짜기로 파고드는 기슭의 물결 따라

이월, 바람 속으로
나이테를 그리면서

새들이
놓치고 떠난
우듬지를 밟는다

신문을 읽다가

달성군 서재리 뒷산
재선충에 감염된

소나무의 무덤들이
즐비하게 늘어섰다

훈증제
뒤덮어 쓴 산
질식 중이다, 지금

새벽, 숲에 들다

1
생몰 연대를 알 수 없는 참나무 그루터기

잠시 숨을 고르는 사이 모롱이 저만치

열이레
허연 달빛이
더듬어 갔을 그 길

2
애써 엿보지 않는다, 새벽 백양나무 숲길

적막을 다스리는 오랜 침잠의 시간

저 붉은
열매 익히며
홀로 푸르러 가는

3

산길을 기우뚱하니 떠받치는 하얀 뼈대들

메마른 껍질들이 툭툭 터져내리는

늦은 봄
그 숲의 한 여백
나무 한 그루 세운다

새벽, 닭 울음소리

굳이 네가 울지 않아도 아침은 오겠지만
다만 잊혀져간 울음을 직조하는
그 목뼈
깊숙이 박힌
흰 빛 소리의 입자들

목놓아 울어 젖히는 파열음 그 틈서리엔
어미를 그리워하는 마음 따위는 없다
피톨 속
빽빽이 들어찬
유전인자만 검붉다

어느 뉘 풀어지고 지친 머리맡으로
끝내 달려가지 못한 토막 난 울음들이
산기슭
묵정밭 위로
하냥 떠돌고 있다

목련

지산동 목련아파트 15평 남짓한
희디흰 꽃잎들을 퍼질러놓은 그 밤

출산의
고통 잊은 채
터뜨리는 함성 같은

제 먹을 것 갖고 태어난다는 푸념들이
아찔한 높이까지 차고 올라 툭툭 터지는

무시로
바람 잘날 없던
60년대 어머니 같은

먼 길

비탈에서 채마밭까지
좁장한 아스팔트길

늘임과 줄임으로
결코 건널 수 없는

저 눈먼
순례의 행렬
우직스레 가고 있다

볕살에 뒤틀리고 차바퀴에 동강나도

뒷걸음질 칠 수 없는 그 먼 길을 따라

뻣뻣한
소금기둥 같이
널브러진 주검들

꽃꽂이를 보며

몇 번쯤 잘려 나갈까 예리한 그 칼 끝에
그저 다소곳이 공간을 채우기 위해

침봉에
가슴패기 박고
비스듬히 서 있다

따뜻한 손길보다 관행에 익숙한
主枝 부지에 따라 제 위치를 가늠하는

사나흘
앓을 열병에
입술 먼저 부르튼다

느린 봄

풀어진 시간을 밟는 느리고 서툰 길을
한때 가득 움켜쥐었을 마비된 옹이진 손
검푸른 뜸 자국들만 애절토록 박혀 있다

신경을 거슬러 타진되지 않는 미래
언제나 쑥뜸 뜨듯 저며 오는 기억들을
끝끝내 어쩌지 못하는 한방병원 301호

느린 바퀴소리에 봄은 그예 와 버리고
더디게 밀어내는 흐린 하늘 그 너머
구름결 꽃잎에 덮인 눈물샘이 다 마른다

어머니의 잠

슬핏 들여다 본 어머니의 구석방은
찬바람 스며드는 할머니의 뱃속이다
곡옥을 닮은 뒷모습 오랜 진화의 흔적이다

허연 머리카락 몇 올이 달라붙은
푸석한 걸레처럼 등걸잠을 자는 동안
양수 속 기억의 한 모퉁이 더듬어 가고 있다

가늘게 이어지는 들숨과 날숨으로
젖가슴과 팔다리의 부피를 줄여가며
할머니 자궁 속으로 들어가고 있다

우포늪

늪은, 거대한 늪은 한여름 선방이다
하늘 죄다 가린 오랜 면벽의 시간

두 어 척
목선과 함께
하안거 중이다

소나기 긋고 간 자리 바람이 달려오고
안으로 다독여 온 침잠의 수면 위로

지금 막
안거를 풀며
합장하는 가시연꽃

봄날

자운영 눈부신 날

지리산 푸른 허리

잘근잘근 밟으며 간다, 풀어진 산길 따라

가슴팍

가득 배는 풀물

굴참나무 한 그루

탁족하다

말복 지난 도심은 여전히 열섬이다
배롱나무 꽃그늘에 쏟아지는 매미 울음

바지를
걷어 올리고
더운 발을 담근다

배가 다 드러나도록 앞섶 풀어헤치고
꼰 다리 흔들며 콧노래 흥얼대다

신발끈
고쳐 매고서
세상 밖으로 간다

그 가방

이미 버렸어야 할 낡은 가방 속에는
빼곡히 들어앉아 웅크리고 있는 것들

오래된
습성에 배인
내가 거기 있는 듯

자꾸만 닳아 가는 그 무슨 쓸데없는 애착
미련스레 쟁여 넣어 짓누르는 일상의 무게

가락을
잃은 시조처럼
가방끈은 또 늘어지고

점자블록을 따라가다

1

눈을 감고 점자블록을 더듬거리며 따라간다.

발끝의 모든 신경은 블록으로 이어진 길의 흐름을 읽는다. 넉 줄의 방향 표시용 블록이 감지되면 다소 가벼운 발걸음으로 앞으로 나아가지만, 돌출된 몇 개의 원들이 발바닥에 밟히면 이내 멈칫거리며 선다. 아마도 앞에 적색불이 깜박이고 있을 것이다. 블록이 끝나는 지점, 더는 정보를 인식할 수 없어 한 걸음도 더 나아갈 수 없다.

잠시 동안의 혼돈, 급히 눈을 뜬다.

2

삶은 늘 반경 시오리 그 안에 놓여 있다. 수축과 이완으로 탄성의 한계점을 벗어나지 못한 채 언제나 망설임으로 되풀이 되고는 한다.

그러나 가끔은 지친 더듬이를 일으켜 세워 본다.

3

다섯 시 오십분 경 어김없이 알람이 울린다. 익숙해진 발길이 끄는 대로 몸을 맡긴다.

골짜기의 물소리를 들으며, 더운 발을 담그고 싶을 땐 진밭골로 간다. 무단경작지에는 조각보 같은 텃밭들, 메우다만 저수지에는 물오리 네댓 마리가 부지런히 아침을 건져 올리고 있다. 골짜기의 물소리가 넉넉히 키워내는 텃밭에서 인간과 자연의 교감과 부지런한 노동을 배울 수 있다. 잠시 차가운 물속으로 발을 담그면 흐릿한 머리가 맑아진다. 복잡한 세상일은 흐르는 물과 함께 실어 보낸다. 산딸기가 익어가고, 비온 뒤에는 어김없이 길을 막고 선 지렁이들의 긴 행렬도 빠뜨릴 수 없는 이곳 풍경이다.

비탈에서 채마밭까지 놓인 좁다란 아스팔트길은 그들에게는 먼 길이다. 간간이 지나다니는 차바퀴에 동강나고, 방향 감각마저 잃고 헤매다 결국은 볕살에 온몸이 뒤틀려 널브러진 모습은 몹시 안쓰럽다. 소멸하는 것들의 슬픔을 읽는다.

4

무엇인가 기웃대고 싶을 때 가는 길이 있다. 범물성당 길이다. 붉은 벽돌로 단장한 성당은 언제 바라보

아도 친근감이 든다. 그 곁에 노부부가 들꽃을 자식처럼 가꾸는 찻집이 있다. 이른 아침 느닷없는 눈길에도 환하게 웃어 주는 그 뜰 안을 엿보는 재미도 쏠쏠하다. 오래된 둥근 우물과 대숲도 빼놓을 수 없는 정겨움이다.

그 곳에서 조금 떨어진 비탈머리에 나지막하니 허술한 슬레이트집이 있다. 반쯤 열린 대문을 스스럼없이 밀치고 들어간다. 그 집 앞마당에는 세상에서 가장 아름다운 꽃밭이 있다. 가끔 후덕한 아주머니가 잔기침을 하며 마당을 내려선다. 전혀 어울릴 수 없을 것 같은 갖가지 꽃들이 모여 사는 곳이다. 담벼락에 기대어 핀 금낭화와 작은 연못 속의 금붕어 몇 마리도 꽃밭이 거느린 식솔들이다. 사람의 손길이 얼마나 소중한 것인지를 느끼게 한다.

5

흡족한 마음으로 산길을 들어서면 기슭엔 포도밭이 자리 잡고, 이내 소롯길로 이어진다. 호흡이 가쁠 때쯤이면 어김없는 백양나무 숲길이다. 생몰 연대를 알 수 없는 스러진 그루터기에 앉아 있으면 열이렛날의 허연 달빛도 가끔 만날 수 있다. 우듬지 부근이 바람에 휩쓸리면서 적잖은 잎사귀들이 발아래로 떨어져

쌓이곤 한다. 백양나무숲은 이 산길을 떠받치는 하얀 뼈대들이다. 어느새 나도 이 풍경의 한 여백 속에 조용히 자리잡고 앉는다.

내려오는 길은 외진 길이다. 삐걱거리는 나무다리가 좁은 시내 위에 걸쳐져 있고 제법 구색을 갖춘 텃밭들이 옹기종기 모여 일 년 내내 달라진 모습들을 보여주는 곳이다.

간혹 약수터 길을 간다. 산중턱에 이르면 너럭바위에 오른다. 그곳에서 숨 막힐 듯 한 초록의 긴 행렬이 긴박하게 능선을 타고 오르는 모습을 느긋하게 즐길 수 있다. 멀리 새벽안개를 피워 올리는 가창댐이 내려다보이고, 그 댐을 휘돌아 차들이 드문드문 어디론가 가고 있다. 산바람을 온몸으로 맞으면서 산 아래에서 지고 온 삶의 등짐들을 죄다 부려놓을 수 있는 기쁨을 누릴 수 있는 곳이다. 흰나비 떼도 가끔 이곳까지 날아 올라온다.

또한 봄날의 이 숲에는 '오호호호' 새도 함께 산다. 투명하고 고운 목소리로 '오호호호 오호호호…….' 하고 노래한다. 찌푸린 얼굴 펴라고, 근심 걱정 잊어버리라고, 봄 한철 그렇게 울어 주고 간다.

산을 내려오는 순간 또 다시 세상일들이 머릿속으로 끼어든다.

6

수십 년 동안 장님이었던 사람이 길을 가다가 문득 눈이 떠졌다. 전혀 보이지 않던 사물을 보게 된 것이다. 그 순간, 그는 제 집을 찾지 못하여 울고 있었다. 길거리에 서서 울고 서 있는 사람에게 '도로 눈을 감아라.'는 처방이 내려졌다. 그는 눈을 감고 비로소 집을 찾아갔다.

연암 박지원의 글 가운데 눈 뜬 장님 이야기이다.

내 시는 어쩜 점자블록을 따라가는 일인지도 모른다. 시는 나에게 새로운 길을 가리키며, 또한 눈뜬 장님이기를 강요한다. 그러나 나는 비록 길거리에서 울지라도 눈을 똑바로 뜨고 시의 길을 가고 싶다.

김세진

1962년 대구에서 태어나
대구교육대학교, 경북대학교 대학원을 졸업했다.
1998년 「중앙일보」 시조백일장으로 등단했으며
시조집 『메타세쿼이아에게』를 펴냈다.

점자블록

초판 인쇄 / 2006년 11월 15일
초판 발행 / 2006년 11월 20일

지은이 / 김 세 진
펴낸이 / 박 진 환

펴낸곳 / 만인사
등록번호 / 1996년 4월 20일 제03-01-306호
주소 / 대구광역시 중구 봉산동 235-11
전화 / (053)422-0550
팩시밀리 / (053)426-9543
E-mail:maninsa@hanmail.net

ISBN 89-88915-69-0 03810

값 6,000원